BEI GRIN MACHT SICH IHR WISSEN BEZAHLT

- Wir veröffentlichen Ihre Hausarbeit, Bachelor- und Masterarbeit

- Ihr eigenes eBook und Buch - weltweit in allen wichtigen Shops

- Verdienen Sie an jedem Verkauf

Jetzt bei www.GRIN.com hochladen und kostenlos publizieren

Kathrin Puhl

Die Funktion von Konflikten in ehelichen Beziehungen

Aus der Perspektive von Simmels Konflikttheorie

GRIN Verlag

Bibliografische Information der Deutschen Nationalbibliothek:

Die Deutsche Bibliothek verzeichnet diese Publikation in der Deutschen National-
bibliografie; detaillierte bibliografische Daten sind im Internet über http://dnb.d-
nb.de/ abrufbar.

Impressum:

Copyright © 2004 GRIN Verlag GmbH
Druck und Bindung: Books on Demand GmbH, Norderstedt Germany
ISBN: 978-3-656-35005-7

Dieses Buch bei GRIN:

http://www.grin.com/de/e-book/207501/die-funktion-von-konflikten-in-ehelichen-
beziehungen

Fakultät IV –
Human- und Gesellschaftswissenschaften
Institut für Soziologie

Hausarbeit

Thema:

Die Funktion von Konflikten in ehelichen Beziehungen
aus der Perspektive von Simmels Konflikttheorie

Oldenburg, Oktober 2004

Gliederung

1. Problemformulierung

1.1 Themenwahl und kurzer Überblick über die Arbeit

In dieser Arbeit möchte ich das Thema „Die Funktion von Konflikten in ehelichen Beziehungen aus der Perspektive von Simmels Konflikttheorie" bearbeiten.

In erster Linie wollte ich mich näher mit den verschiedenen Aspekten eines Konfliktes, besonders in Bezug auf die Ehe, beschäftigen.

Bei der Literaturrecherche bin ich auf Georg Simmel (1858-1918) gestoßen, denn „jede soziologische Beschäftigung mit dem sozialen Konflikt, das heisst mit dem Konflikt innerhalb gesellschaftlicher Beziehungen, greift auf Simmel zurück."[1]. Dadurch konnte ich zusätzlich Wissen über einen bedeutenden Soziologen erlangen und Simmels Aussage, dass „die Konfliktaustragung zur Identitätsbestimmung beiträgt", genauer beleuchten.

Besonders in seinem Essay „Der Streit" von 1908 beschäftigt er sich mit den sozialen Konflikten. Für Simmel hat der Streit nicht nur eine zerstörende Wirkung, sondern auch eine vergesellschaftende[2].

In der vorliegenden Arbeit möchte ich als Erstes die Besonderheiten einer Zweierbeziehung beschreiben und werde dann versuchen die Frage, wieso es gerade bei vertrauten Menschen zu Konflikten kommt, zu beantworten. Später werde ich dann den Konflikt- und Ehebegriff aus Sicht von Georg Simmel erläutern, wobei ich mich überwiegend auf Aufsätze aus dem Gesamtband „Soziologie"[3] beziehe. Im nächsten Teil beschäftige ich mich dann mit den Funktionen eines Konfliktes bzw. Streits, speziell für die Institution Ehe. Zum Schluss folgen eine kurze Zusammenfassung und eine kritische Reflexion.

2. Was ist das Besondere an einer Zweierbeziehung wie der Ehe?

Im Folgenden werde ich die Aussagen Simmels in seinem Aufsatz „Die Gesellschaft zu zweien"[4] zu diesem Aspekt näher betrachten und versuchen zu analysieren.

---

[1] Bonacker, Thorsten. Konflikttheorien, Bd. 2. Opladen: Leske und Budrich, 1996, S. 55
[2] Der Begriff „Vergesellschaftung" ist im Gliederungspunkt 4 erklärt.
[3] Simmel, Georg. Gesamtausgabe II Soziologie. Hg. Otthein Rammstedt. Frankfurt
  am Main. Suhrkamp, 1992
[4] Simmel, Georg. Die Gesellschaft zu zweien, 1908

Als Ausgangspunkt seiner Betrachtungen zu den Zweierbeziehungen, weist Simmel darauf hin, dass das Wesen des Menschen durch andere Menschen bestimmt und geprägt wird. Um eine Entwicklung zu erleben, ist es notwendig, dass der Mensch mit anderen Menschen zusammentrifft.

Für Simmel zählen besonders die kleinen, „feineren, flüchtigeren"[5] Beziehungen im Leben. Dabei werden viele dieser Beziehungen ein Leben lang aufrechterhalten, andere sind nur von kurzer Dauer und wieder andere sind in ihrem Bestehen sehr wechselhaft.

Laut Simmel binden sich Menschen durch bestimmte gemeinsam erlebte Ereignisse und Erfahrungen aneinander. Ein sehr bedeutendes Merkmal für Beziehungen ist, dass die Partner Geheimnisse miteinander teilen. Die Bewahrung von Geheimnissen sei am besten in Zweierbeziehungen möglich, denn hier bestehe im Verhältnis zu anderen Gruppen mit mehreren Teilnehmern eine „höhere Einheit"[6].

„Das Sozialgebilde ruht unmittelbar auf dem einen und auf dem andern."[7], dies ist ein weiteres Merkmal von Beziehungen zwischen zwei Menschen. Sobald einer dieses Gebilde verlässt, zerbricht es. So entsteht zwischen den beiden Teilnehmern einer Zweierbeziehung eine besondere Verpflichtung bzw. Abhängigkeit.

Bei einer Gruppe mit mehreren Teilnehmern ist es für den Weiterbestand der Gruppe nicht wichtig, ob ein Mitglied austritt oder nicht. Ab einer Mitgliederzahl von drei Leuten, würde die Gruppe weiterhin bestehen bleiben, wenn eine Person diese verlässt, denn „jede vielgliedrige Gruppe kann ihrer Idee nach unsterblich sein…"[8].

Laut Simmel ist das Vorhandensein von Gleichartigkeit das, was die Zweierbeziehung ausmacht. Gerade in diesen Beziehungen sind „gleiche Inhalte, Situationen, Erregungen innerhalb des Verhältnis selbst…"[9] bedeutend. Dennoch muss man aufpassen, dass die Gemeinsamkeiten nicht die Beziehung zerstören. Denn Simmel sagt, dass in „Verhältnissen zu zweien, der Liebe, der Ehe, der Freundschaft…"[10] die Gefahr besteht, dass „der Ton der Trivialität oft zur Verzweiflung und zum Verhängnis wird…"[11].

Ich denke, er meint damit, dass es zwischen manchen Personen in Beziehungen einen immer gleich bleibenden Ablauf gibt. Durch diese Routine werden meist nicht nur wichtige Dinge

---

[5] ebd.
[6] ebd.
[7] ebd.
[8] vgl. ebd.
[9] vgl. ebd.
[10] vgl. ebd.
[11] vgl. ebd.

banalisiert, sondern das Paar erlebt auch nichts Neues mehr. Dadurch droht die Beziehung langweilig und uninteressant zu werden.

Beispielsweise berichten geschiedene Ehepaare oft, dass ihre Ehe keinen Reiz mehr hatte, der Alltag Überhand genommen und der Beziehung zwischen beiden geschadet hat.

Als Lösung für dieses Problem sieht Simmel die „Forderung eines individuellen Wertes"[12]. Das bedeutet, dass Paare darauf achten sollten, dass ihre Beziehung etwas Individuelles, was nur die beiden Partner betrifft, erhalte. Ihre Partnerschaft sollten sie möglichst abwechslungsreich gestalten. Dabei ist es wichtig, dass die Partner auf die Gefühle und Bedürfnisse des Anderen eingehen.

Das Spannende und Interessante müsse auch im Alltag aufrechterhalten werden, um somit die Lebendigkeit der Beziehung zu erreichen.

Die Partnerschaft dürfe nicht an einem Punkt stehen bleiben, sondern es müsse eine Entwicklung erkennbar sein. Denn gerade das Individuelle in einer Beziehung macht laut Simmel ihren Wert aus. Als einen weiteren wichtigen und für eine gute Basis notwendigen Punkt in einer Zweierbeziehung sieht er den intimen Umgang miteinander.

Wie schon erwähnt teilen die Partner Geheimnisse und möchten sicher gehen, dass diese kein Anderer erfährt. Aber als Intimität zählt für Simmel vor allem, dass die Teilnehmer einer Zweierbeziehung bestimmte Dinge „nur diesem einzigen anderen und niemand sonst gibt oder zeigt"[13]. Simmel gesteht zwar ein, dass ein Mensch einige Dinge auch noch mit Anderen, als mit dem Partner, teilt, dennoch erscheint es ihm außerordentlich wichtig, dass „das ganz Spezifische ihrer Inhalte, das ihre Teilnehmer nur miteinander, aber mit niemand außerhalb dieser Gemeinschaft teilen, zum Zentrum und zur eigentlichen Erfüllung dieser Gemeinschaft"[14] wird.

3. Wieso kommt bei vertrauten Menschen zu Konflikten?

Normalerweise könnte man glauben, dass zwischen einander vertrauten Menschen keine Konflikte auftreten, weil sie sich gut kennen und wissen, wie sie miteinander umgehen müssen, damit Auseinandersetzungen möglichst nicht auftreten.

Dennoch habe ich folgende Aussage bei Simmel entdeckt:

---

[12] vgl. ebd.
[13] vgl. ebd.
[14] vgl. ebd.

„Menschen, die viel Gemeinsames haben, tun sich oft schlimmeres, ungerechteres Unrecht als ganz Fremde."[15]

Dies begründet er damit, dass bei vertrauten Menschen sehr viele Gemeinsamkeiten vorliegen und das manchmal eine kleine Differenz zwischen den Beziehungspartnern, wie die Diskussion über das abendliche Fernsehprogramm, ausreicht, um einen Konflikt auszulösen.

Weiterhin sagt er, dass Fremde auf Konflikte mit einer anderen fremden Person vorbereitet sind. Wenn wir einen uns unbekannten Menschen treffen, dann wissen wir, dass es zu Meinungsverschiedenheiten kommen kann.

Bei vertrauten Personen hingegen trete dies seltener auf und daher seien wir über eine Auseinandersetzung überrascht und werten sie als schwerwiegender und problematischer als bei Fremden.

Simmel sieht es als selbstverständlich an, dass in intimen Beziehungen, wie der Ehe, Konflikte auftreten. Dabei ist für ihn wichtig, wie die beteiligten Personen mit diesem Konflikt umgehen. Der Streitinhalt ist für ihn eher zweitrangig.

Er meint, dass Menschen in einer unsicheren Beziehung immer darum bemüht sind, diese von „jedem Schatten rein zu erhalten".[16]

Es wird alles versucht, jeder Art von Konflikten aus dem Weg zu gehen. Dabei vollziehen einige Beziehungspartner die wildesten Handlungen, um ihr Ziel eines friedlichen Zusammenlebens zu erreichen. Als einen Grund für das Auftreten von Konflikten beschreibt Simmel besonders ausführlich die Eifersucht. Sie tritt vermehrt in intimen Beziehungen auf. Hierbei geht es darum, dass jemand versucht eine bestimmte Sache zu erhalten, wobei ihn „ein Dritter real oder symbolisch daran hindert"[17]. Der Eifersüchtige glaubt nämlich, dass er einen Rechtsanspruch auf jene Sache erheben könne.

Im Gegensatz dazu brauchen sichere und gefestigte Beziehungen diese „Friedfertigkeit gar nicht"[18], denn „man weiß, daß keine Erschütterung bis zu dem Fundament des Verhältnisses dringen kann, auf dem man sich immer wieder zusammenfinden wird."[19]. Die „stärkste Liebe", wie Simmel es nennt, hält auch ab und zu auftretende Konfliktsituationen aus. Sie ist immer bemüht Auseinandersetzungen zu klären und nach Lösungen zu suchen. Auf Grund dieser Konfliktarbeit wächst die Beziehung der beiden Partner weiter.

---

[15] Simmel, Georg. Gesamtausgabe II Soziologie. Hg. Otthein Rammstedt. Frankfurt am
Main. Suhrkamp, 1992, S. 312 Main. Suhrkamp, 1992, S. 312
[16] vgl. ebd., S. 315
[17] vgl. ebd.
[18] vgl. ebd.
[19] ebd.

Als eine Form dieser gefestigten Beziehungen nennt Simmel die Ehe. Seiner Ansicht nach „gibt es wohl keine zweite Einung, die so wahnsinnigen Haß, so restlose Antipathie, so stündliche Zusammenstöße und Kränkungen ertragen könnte, ohne äußerlich auseinander zu brechen…"[20].

4. Funktionen eines Konflikts für die Ehe

Zunächst möchte ich kurz den Begriff „Konflikt" aus der Sicht von Georg Simmel erklären. Er unterscheidet ihn in vier Arten[21] und sieht ihn als eine Form der Vergesellschaftung.

„Unter Vergesellschaftung versteht Simmel dabei in seiner individualistischen Perspektive jeglichen Bezug der Individuen aufeinander, anders gesagt: die Interaktion oder Wechselbeziehung zwischen Menschen."[22]

Ausdrucksform für den Konflikt ist die Interaktion. Simmel teilt sie in Form und Inhalt, wobei mit der Form die Art ihres Ablaufs gemeint ist. Diese hat für ihn den größeren Stellenwert, da es wichtig sei, wie Konflikte ausgetragen und gelöst werden. Über den Inhalt gibt es einen Widerspruch, da die zwei Konfliktparteien meist unvereinbare Ziele erreichen wollen. Es kann aber auch sein, dass beide dasselbe Ziel verfolgen und es dadurch zu einem Konflikt kommt.

Das Bestehen dieser Wechselwirkungen zwischen den Menschen ist für Simmel das, was die Gesellschaft ausmacht. Den Streit ordnet er als eine besondere Form dazu.

Simmel stuft ihn als einen notwendigen Aspekt im menschlichen Zusammenleben ein, denn Konflikte seien in einer Gesellschaft unvermeidlich und ihre Bewältigung gehöre zum sozialen Leben dazu.

Simmel sieht in der Konfliktaustragung eine Möglichkeit zur Identitätsbestimmung. Individuen können sich dadurch voneinander abgrenzen. Sie können ihre Vorstellungen, Meinungen und Wünsche äußern, sich darüber mit Anderen austauschen und falls nötig auch auseinandersetzen. Dadurch bekommen sie andere Anschauungen mitgeteilt und haben die Chance entweder ihre eigene Meinung beizubehalten und zu festigen oder sie zu verändern. So entwickelt sich jeder Mensch ganz individuell weiter.

---

[20] vgl. ebd., S. 331
[21] nachzulesen bei: Bonacker, Thorsten. Konflikttheorien, Bd. 2. Opladen: Leske und Budrich, 1996, S. 56-58
[22] Bonacker, Thorsten. Konflikttheorien, Bd. 2. Opladen: Leske und Budrich, 1996, S. 55

Nun möchte ich einen Überblick darüber geben, was Simmel unter der „Ehe" versteht.

Simmel versteht die Ehe als eine Form der sozialen Ordnung, welche durch die Interaktion von mindestens zwei Personen entsteht. Wie bei der Vergesellschaftung wird zwischen Form und Inhalt unterschieden und der Schwerpunkt auf die Form gelegt.

Weiterhin sagt Simmel, dass ein generelles Zusammengehörigkeitsgefühl auftritt, wenn „man eine gleichartige Aversion oder ein gleichartiges praktisches Interesse gegen einen Dritten hat."[23].

Dieses Zusammengehörigkeitsgefühl bildet die Grundlage für Vereinigungen zwischen Menschen. Es entsteht eine Einheit zwischen den Partnern und dadurch gewinnt der Einzelne an Kraft und Stärke. So kann er kleinere Auseinandersetzungen und negative Vorfälle leichter verarbeiten. Wie schon erwähnt ist es für eine Zweierbeziehung wichtig, dass die Geheimnisse innerhalb dieser Beziehung geschützt werden. Wenn aber nun das Intime nicht intim bleibt und nach Außen tritt, dann entsteht eine Gefahr für diese Beziehung.

Die monogamische Ehe ist für Simmel eine Zweiergruppierung von Menschen, die einen sehr intimen Umgang miteinander haben. Er sieht die Ehe als „etwas an sich Wertvolles und Heiliges"[24], das über der eigentlichen Beziehung steht. Durch die eheliche Verbindung entstehe sozusagen etwas Drittes.

Weiter beschreibt Simmel die unterschiedlichen Arten von Ehen. Sie entstehen durch die Verschiedenheit der Ehepartner, das heisst die Merkmale der Partner prägen sich auf die Ehe aus. Dadurch hat jede Ehe ihren eigenen besonderen Charakter. Trotz der verschiedenen Ehearten haben sie alle ein gemeinsames Element, die physiologische Paarung. Der sexuelle Verkehr wird „einerseits als das Intimpersönlichste"[25] gesehen, andererseits aber dient er einfach dem Fortbestand der Gattung.

Nachdem ich nun die Begriffe „Konflikt" und „Ehe" aus der Sicht von Georg Simmel geschildert habe, gehe ich zu der Beschreibung der Funktionen eines Konflikts für die Ehe über.

Simmel beschreibt im letzten Teil seiner Arbeit „Der Streit" ausführlich die Funktionen eines Konflikts für Zweierbeziehungen. Den Sinn von Konflikten für die Ehe findet er darin, „daß intime Verhältnisse, wie Liebe und Freundschaft"[26] gelegentlich Auseinandersetzungen und

---

[23] vgl. Simmel, Georg. Gesamtausgabe II Soziologie. Hg. Otthein Rammstedt. Frankfurt
am Main. Suhrkamp, 1992, S. 365
[24] Simmel, Georg. Die Gesellschaft zu zweien, 1908
[25] ebd.
[26] vgl. Simmel, Georg. Gesamtausgabe II Soziologie. Hg. Otthein Rammstedt.

Diskussionen brauchen, „um sich an dem Gegensatz gegen die erlittene Entzweiung erst ihres ganzen Glückes wieder bewusst zu werden; oder um die Enge der Beziehung, die nun einmal für das Individuum etwas Zwanghaftes, Einschließendes hat, durch eine Entfernung zu unterbrechen, die ihren Druck unfühlbar macht."[27].

Mit dieser Aussage nennt Simmel die Hauptfunktion eines Konfliktes für Zweierbeziehungen wie der Ehe: das Positive an der eigenen Beziehung erkennen und wertschätzen. Ein verträgliches Maß an Unstimmigkeiten gehört dazu, um das Band zwischen den Partnern aufrechtzuerhalten.

Jedoch sagt er auch, dass eine starke Liebe wie es die Ehe ist, diese „Unterbrechung" meist nicht braucht. Denn laut Simmel sind es eher die „einfacheren Beziehungen", die diese „Entzweiung um der Erhaltung des Verhältnisses willen fordert."[28].

In tiefen Verhältnissen endet ein Streit dadurch, „daß ihre unablenkbare Grundströmung wieder an die Oberfläche gelangt…"[29].

Der Sinn eines Konflikts besteht also nicht nur darin, dass die Partner sich gegenseitig ihrer Liebe bewusst werden, sondern durch einen aufgetretenen Konflikt ihre Probleme ansprechen und versuchen zu lösen. Dabei müssen sie auch lernen Kompromisse einzugehen.

Die Partner durchlaufen eine Entwicklung und müssen ihre Beziehung immer wieder auf eine neue Situation einstellen. Das Vorhandensein von Konflikten habe also auch eine reinigende Wirkung.

Simmel schreibt weiter, „daß eine einmal geschehene Entzweiung sich nie mehr ganz überwinden läßt, auch nicht durch den ehrlichsten Willen der Parteien"[30]. Es reicht einfach die Tatsache, „daß überhaupt ein Bruch einmal da war"[31]. Darum sind die Partner in tiefen Beziehungen bemüht Probleme möglichst zu klären, bevor aus ihnen hartnäckige Konflikte resultieren. Denn ein starker Konflikt kann dazuführen, dass beide Partner eine Zeitlang getrennt leben und merken, „dass man überhaupt ohne einander auskommen kann, daß das Leben, wenn auch vielleicht nicht sehr heiter, eben doch weiterging."[32]. Dann kann es auch schnell dazukommen, dass man vielleicht für immer auf den Anderen verzichtet.

Nach einem solchen Konflikt versuchen die Partner ihre auftretenden Meinungsverschiedenheiten und Diskussionen auf einem anderen Weg zu lösen, um nicht

---

Frankfurt am Main. Suhrkamp, 1992, S. 371
[27] ebd.
[28] ebd.
[29] vgl. ebd., S. 372
[30] vgl. ebd., S. 378
[31] ebd.
[32] ebd.

denselben Fehler zweimal zu begehen und um zu vermeiden, dass die Situation einer Trennung eintritt.

Simmel sagt, „die Intensität des Wunsches, das wieder auflebende Verhältnis vor jedem Schatten zu bewahren, entstammt nicht nur den erfahrenen Leiden des Bruches, sondern vor allem dem Bewusstsein, dass der zweite Bruch nicht mehr geheilt werden könnte, wie es der erste konnte."[33].

Laut Simmel sollte ein Bruch möglichst, wenn überhaupt, nur einmal stattfinden, „denn hat einmal die erste Wiederholung stattgefunden, so spricht nichts gegen eine zweite und dritte, die die ganzen Erschütterungen des Vorganges banalisieren und zu einem frivolen Spiel herabziehen würden."[34].

Das Beziehungspaar fühle, dass ein nochmaliger Bruch das definitive Ende der Beziehung wäre. So lange eine Ehepaar nur kleine Probleme hat, sei es daran interessiert diese zu lösen, denn letztendlich schreibt Simmel: „wie wir doch einen Menschen auch mit all seinen Fehlern lieben, die wir vielleicht fortwünschen, aber nicht aus ihm fortdenken können..."[35]. Hierin wiederholt sich Simmels Aussage, die ich zu Beginn meiner Ausführungen erwähnte, dass eine starke Beziehung wie die Ehe alle „Fehler des Anderen" aushält, denn die Basis der Beziehung ist so gefestigt, dass bestimmte negative Ereignisse sie zwar kurzfristig stören, aber nicht dauerhaft schwächen können.

5. Zusammenfassung

Abschließend möchte ich die wesentlichen Punkte meiner Arbeit zusammenfassend darstellen. Die kritische Reflexion werde ich jeweils analog zu den entsprechenden Textabschnitten vornehmen.

Die Merkmale einer Zweierbeziehung, die das Besondere an ihr ausmachen, sieht Simmel darin, dass zwischen den Partnern viele Gemeinsamkeiten bestehen. Durch gemeinsam erlebte Ereignisse und Erfahrungen entsteht eine Bindung zwischen den Personen. Als wichtigste Eigenschaft solcher Zweierbeziehungen, wozu die Ehe zählt, spricht Simmel das Geheimhalten von Geheimnissen an. Nur in diesen Beziehungen bekommen, seiner Meinung

---

[33] ebd., S. 380
[34] ebd.
[35] ebd., S. 381

nach, Geheimnisse einen sicheren Platz. Trotz aller Gemeinsamkeiten bei den Partnern, muss in der Beziehung auch eine Individualität und fortlaufende Entwicklung erkennbar sein. Ein weiteres Merkmal besteht darin, dass diese Form von Beziehungen auseinander bricht, sobald ein Partner ausscheidet. Somit entsteht für Beide eine Abhängigkeit.

Ich finde die Beschreibung der Zweierbeziehungen von Simmel sehr interessant. Dennoch sind es, meiner Meinung nach, nicht nur die formellen Dinge, die eine Beziehung ausmachen, sondern auch der Inhalt der Beziehung ist von Bedeutung. Dazu zählt zum Beispiel für mich wie die Stimmung bzw. das Verhältnis zwischen den Partnern ist. Simmel legt zwar mehr Wert auf die Form, dennoch lässt er vereinzelt erkennen, dass ihm auch die Gefühle beider Partner zueinander wichtig sind. Dass er die Geheimhaltung von Geheimnissen als ein bedeutsames Merkmal für Beziehungen aufzählt, lässt schon erkennen, dass ihm die inhaltliche Seite von Beziehungen keinesfalls egal ist. Denn ich denke, dass man Geheimnisse nur einem Menschen mitteilt, dem man vertraut und zu dem man in einem guten Verhältnis steht.

Nun zu der Frage, wieso es gerade bei vertrauten Menschen zu Konflikten kommt. Simmels Erklärung liegt darin, dass einander vertraute Menschen sehr viele Gemeinsamkeiten aufweisen und dass dann eine kleine Differenz ausreicht, um Diskussionen und Meinungsverschiedenheiten hervorzurufen. Auch erwarten wir meist keine Konflikte in Situationen mit vertrauten Menschen und sind darauf nicht besonders vorbereitet. Bei einem Zusammentreffen mit fremden Personen sind wir uns bewusst, dass es auch zu Auseinandersetzungen kommen kann. Letztendlich sagt Simmel, dass Konflikte zu jeder Beziehung im Leben dazugehören.

Jetzt möchte ich zu der Definition von Ehe und Konflikt übergehen. Anschließend folgen die Funktionen, die ein Konflikt für eheliche Beziehungen haben kann.

Simmel versteht die Ehe als eine Form der sozialen Ordnung, die aus der Interaktion von mindestens zwei Personen besteht. Er unterscheidet diese Interaktion in ihre Form und ihren Inhalt, wobei für ihn in erster Linie die Form entscheidend ist. Die Grundlage einer jeden Zweierbeziehung, wozu die Ehe zählt, ist das Zusammengehörigkeitsgefühl und ein sehr intimer Umgang zwischen den Partnern. Simmel beschreibt verschiedene Arten von Ehen, die dadurch entstehen, dass sie durch das unterschiedliche Wesen der Ehepartner geprägt werden.

Die physiologische Paarung ist ein Bestandteil der Ehe. Natürlich treffen die oben genannten Merkmale[36] von Zweierbeziehungen auch auf die Ehe zu.

Den Konflikt[37] beschreibt Simmel als eine Form der Vergesellschaftung, der in Form von Interaktion ausgedrückt wird. Hierbei unterscheidet Simmel, genau wie bei der Interaktion in der Ehe, zwischen Form und Inhalt. Der Inhalt ist für ihn zweitrangig.
Ein Konflikt kommt zu Stande, indem es über einen bestimmten Inhalt einer Interaktion einen Widerspruch gibt.

Ein Beispiel wäre ein Gespräch zwischen zwei Fussballfans, die jeweils einem anderen Verein angehören. Sie diskutieren darüber, welcher Verein beim letzten Spiel die bessere Taktik vorwies. Beide bedienen sich dabei ihrer Gestik, um ihre Positionen noch deutlicher hervorzuheben.
Durch die verwendete Gestik der Gesprächspartner kommt die Form der Interaktion zum Ausdruck. Die Diskussion beider über den Verein mit der besseren Taktik stellt den Inhalt ihrer Interaktion dar.

Für Simmel zählt der Streit zu einer besonderen Form von Wechselwirkungen, die zu jeder Gesellschaft dazugehören. Die Konfliktaustragung bietet eine Möglichkeit zur Identitätsbestimmung, so das sich Menschen voneinander abgrenzen und weiterentwickeln können.

Persönlich empfinde ich die Besprechung von Konflikten als sehr wichtig, denn sie begegnen uns während unseres ganzen Lebens. Konflikte sind innerhalb einer Gesellschaft unvermeidlich und ihre Bewältigung gehört zum sozialen Miteinander. Besonders wichtig finde ich die Analyse und Auswertung von Konfliktsituationen, denn daraus können entscheidende Punkte für die Ausarbeitung von Konfliktvermeidungsstrategien gewonnen werden. Jeder Mensch kann dann individuell entscheiden, ob er diese Hilfen anwenden und wie er sich beim nächsten Streit verhalten will.

---

[36] siehe Gliederungspunkt 2
[37] Simmel unterscheidet vier Arten von Konflikten; nachzulesen bei Bonacker, Thorsten. Konflikttheorien, Bd. 2. Opladen: Leske und Budrich, 1996, S. 56-58

Als letzten Punkt möchte ich die Funktionen eines Konfliktes für die Ehe in zusammengefasster Form darlegen.

Simmel sieht die Kernfunktion darin, dass dadurch den Partnern das Glück ihrer Beziehung wieder bewusst wird. Sie tauschen sich über vorhandene Probleme aus und versuchen dafür Lösungsmöglichkeiten zu finden. Dadurch entwickelt sich ihre Beziehung laufend weiter. Weiterhin sagt Simmel, dass die Partner ihre Beziehung vor einer möglichen Trennung bewahren wollen, zumindest solange nur kleine Probleme vorhanden sind, denn eine gefestigte Beziehung halte auch gelegentliche Konflikte aus. Die Konfliktarbeit empfindet Simmel als förderlich für die Partnerschaft.

Hierzu möchte ich sagen, dass Simmel die Funktionen von Konflikten sehr positiv darstellt. Für ihn haben Konflikte unter anderem eine reinigende Wirkung, weil die Partner in einer Beziehung nach einem Streit bewusster miteinander umgehen und versuchen besser auf den Anderen einzugehen.
Ich bin der Meinung, dass Konfliktsituationen durchaus förderlich für bestimmte Partnerschaften sein können.
Dennoch gibt es auch genug negative Aspekte und daher haben Konflikte für mich etwas Bedrohliches an sich. Sie entstehen meist aus schwerwiegenden Problemen oder Diskussionsthemen. Persönlich denke ich, dass für eine enge Beziehung immer die Gefahr besteht, dass sie zerstört wird, wenn die Partner nicht in der Lage sind mit dem Streit richtig umzugehen.
Oft habe ich auch schon erlebt, dass sich Partner während eines Streites an alte, zurückliegende Konfliktthemen erinnern. Dann werden noch zusätzlich zu den aktuellen Problemen vergangene hinzugenommen und nochmals besprochen. In diesem Fall wirken Konflikte, meiner Ansicht nach, nicht mehr förderlich, sondern durch die erneute Diskussion über bereits geklärte Themen bleibt die Beziehung der beiden Partner an einem Punkt stehen. Die Konfliktarbeit kann hier nicht zu einer Weiterentwicklung beitragen. Die Partnerschaft wird komplizierter und eine Lösung der Probleme erscheint weit entfernt.

Abschließend möchte ich sagen, dass ich es sehr erstaunlich und bemerkenswert finde wie Georg Simmel die Funktionen von Konflikten für eheliche Beziehungen herausgearbeitet hat. Ich denke jemand, der nicht wüsste, dass Simmel diese Aussagen zu diesem Thema im Jahr 1908 verfasst hat, würde es vielleicht gar nicht merken.

Seine Aussagen empfinde ich als immer noch sehr aktuell, denn Probleme in Partnerschaften treten auch heutzutage noch auf.

Simmels Gedanken zu Konflikten verlieren aus meiner Sicht nicht so schnell an Wert, da Konflikte und Streitigkeiten zu jeder Zeit und in jeder Gesellschaft auftreten.

Literatur

- Bonacker, Thorsten. Konflikttheorien, Bd. 2. Opladen: Leske und Budrich, 1996, S. 55-58

- Simmel, Georg. Gesamtausgabe II Soziologie. Hg. Otthein Rammstedt. Frankfurt am Main: Suhrkamp, 1992, S. 284-382

- Simmel, Georg. Die Gesellschaft zu zweien. In: Der Tag, Nr. 118 vom 5. März 1908, Erster Teil: Illustrierte Zeitung, Berlin